AF557400

Edition Korrespondenzen

Anja Golob

Anja Golob

# Anweisungen zum Atmen

Aus dem Slowenischen von Urška P. Černe und Uljana Wolf

Edition Korrespondenzen

# ANWEISUNGEN ZUM ATMEN

*Perfection is out of the question for people like us*

Mark Strand: The Next Time, II

## NETZ ÜBER DER MANEGE

Tom Daley dreht sich um, nähert sich rückwärts
dem Rand des Bretts. Er ruht, die Fersen ragen in die Stille.
Im Kopf wiederholt er die Saltos. Srbská Kamenice,
Tschechoslowakei, 26. Januar 1972, Vesna Vulović überlebt
als Einzige den freien Fall aus 10160 Metern, die Flughöhe
der jugoslawischen JAT-Maschine bei der Explosion.
Josef K. auf einer Parkbank nach der Probe, nachmittags,
liest versunken einen Essay von Sartre. Am Abend
im rot-weißen Glitzer-Trikot, ein Blitz auf der Brust, sitzt er
versonnen auf dem Trapez unter der Zeltdecke, beobachtet
die winzigen Zuschauer tief unter sich. In diesem Moment
hat er nur einen Wunsch: dass es kein Netz gäbe über der Manege.
Dass es einmal, nur einmal, ein einziges Mal,
ernst wäre. Er ist nicht wahnsinnig, will nur leben, alles wagen,
ohne weil. An der Umkleide steht »Tura«, der Inspizient schaut
durch die Tür: »Zwei Minuten«, sagt er, verschwindet. Der Mann
steht selbstsicher auf, geht durch den schmalen Gang Richtung
Bühne. Er betritt sie Sekunden später, verlangsamt den Schritt,
tut, als würde er lesen, beginnt abwesend: »Sein oder Nichtsein ...«
Und wie auf Befehl, wie auf Befehl steht im Parterre jemand auf.
Das wiederholt sich. Darin liegt die ganze Kunst.
Was ist, ist Poesie. Auch der Tod. Auch das Nichts. Auch auch,
auch.

# INTERFERENZ

## I. WASSER KRIEG

und der nullstrich spendet trost und weist den weg und
wasser löst sich vom horizont alles was es ist ist welle
und die welle hat nur ein gesicht furchig brüchig schütter
am scheitel wallt ein büschel büschelchen weiß
wies gleißt im hohen licht des tags wies fällt wies
sehnt die lange lange spur aus sand die es bezwingt
großes rundes wasser erde hungernd

hier kein zarter zehengang kein streicheln seichtes wasser
hier ist krieg mit allen kräften ist attacke gib was du hast
gib gib gib alles
und wasser hisst mit roten flaggen angriff
und land hisst weiße flaggen kapitulation
und sonne pfeift spitz und hoch
und drischt auf ihre winzige zimbel
kurzer donner höhlt warnend wolken aus

so bekriegt meer land wieder und wieder
immer wieder und wieder
immer
wieder
und
wieder
siegt
immer
wieder
und
wieder

dringt neues wasser ein auf alten gleisen
und findet seine neuen wege
und leckt sich immer neues land
holt atem anlauf schießt hervor im bogen
tost stärker streckt die nasse zunge weit
so weit es kann und drängt in alle winkel welt
mit letzten ausgepressten tropfen wos
für null sekunden innehält

und gleich zurückweicht glücklich leer
und voller stille die es dem geraubt was nicht
entweichen kann nicht weg kann was allein ist
was nur ist und wortlos wartet dass man es sich greift verspeist und reißt
damit es endlich sagen kann
man nahm mich
ganz
so viel so lang so ganz wie es sich nur geben kann
wenn es nur ist ist reglos und reif oder nicht

und so weiter
bis abermals wasser
bis ein anderes geflecht
wasser das atmet
land das atmet
atmet der sand
atmet das salz
rhythmisch
wieder und

wieder

und immer

wieder und

immer

immer

immer wieder

und

immer

wieder

und

immer

wieder

## II. WASSER SIEG

so sammelt sich wasser
kurz vorm strand
ein letztes mal
gibt alles von sich
bäumt sich krümmt sich
schleudert glühend lärm
klatscht flach in sich
ins reglose kontinuum
frei frei von allem
zu ende
die reise ist gemacht
wies gischt mit ufer verflicht
kiesel leckt
niederlegt und aufnimmt wieder
wies klackernd abzieht
wies meer sein maul schließt
verlust verschlingt sich aufschwingt
zu neuer welle
neuer verve
neuem fall

linie am bug der zeit
kaum merklich schwingend

das wasser weiß
es ist seit immer so für immer

es wird endlos verreisen
jahrhundertelang
abermals gleich
abermals neu
abermals erneut mit gleicher kraft
empor
es gibt nur eine richtung
ein und dieselbe
für immer

dieses zarte zernichten
wasser wirkt so ohne widerstand
nicht leidet es am weg ins nirgendwo
in ein erheben dicht am rand
dicht vor land
darin fasst es sich ganz
was es war was es wird was es ist
ein letztes mal
dann zuletzt
ein aufbäumen
höher als je
und im fallen
im zerrinnen
findet es
sich
vollendet
als ziel
und
verschlingt
sich
so

hier
jetzt
im siegen
und
siegt
wasser
ist
wasser
dem wasser

# WAS ICH BRAUCHE

*Don't want nothing that don't belong to us*
*Don't want nothing we can live without*
Tindersticks: This Fire of Autumn

Etwas, das vor Regen schützt, vor Schnee, Wind;
eine Plane, ein Dach, eine Zeltbahn, Wand.
Fließendes Wasser. Hosen. Decke. Taschentuch.
Ein Loch im Boden fürs Essen, damit es nicht verdirbt.
Ein Loch im Boden, anderswo, für Exkremente.
Etwas, worauf ich meinen Körper betten kann, wenn er müde ist;
ein dürrer Streifen Erde, Matratze, Hängematte, Futon.
Und Papier, Papier, Stift, Papier, Stift, Briefmarken.
Und Ruhe. Tee, tonnenweise Tee mit bisschen Milch.
Alle paar Tage ein neues Buch.
Und einen Arm, der nicht meiner ist, eine Hand, die mich
streichelt im Schoß, am Rücken, übers Haar. Vielleicht
einen Körper, der sich zu meinem legt und sich mit ihm
zu etwas Großem verfilzt. Das dann zerfällt. Berührung,
aus der Alleinsein keimt. Leere. All dies ist kaum viel.
So baue ich mir eine Welt, meine Welt inmitten aller Welten,
Körper, Baum, Himmel, Blickkontakt mit meinem Selbst.
All dies ist kaum viel. All dies ist gerade richtig.

## POESIE

ZWISCHEN MIR UND DER STRASSE
ICH SEH ES JETZT KLARER ALS JE –
NUR EIN SCHMALER STREIFEN POESIE

ZWISCHEN MIR UND DEM FRIEDEN
WEISS ICH JETZT
AUCH DAS

# HOBBY

WAS MICH STARK MACHT
PROPER UND STARK WIE POPEYE
UND WAS MIR RECHT GIBT
AUCH WENN ICH NICHT RECHT HABE
NICHT MAL AUS VERSEHEN
IST DIE ERSTE PERSON SINGULAR
RECHT ALLES ALLES RECHT
DINGEN STARR INS AUGE SEHEN
AUCH WENN SIE VON SICH AUS
VOR ALLEM WENN SIE STECHEN
VERLANGT EBEN MUT BEDACHT
EINEN KAUM ZUFÄLLIGEN
SINN FÜR HUMOR
TROTZIGES TRACHTEN
KURZUM KAMPFANSAGE
WER DAS NICHT AUSHÄLT
SOLL DIE LYRIK NICHT STALKEN
SIE WIRDS IHM NICHT BESORGEN
NICHT MAL AUS VERSEHEN
SIE IST VIELLEICHT NE SCHLAMPE
ABER NICHT DUMM (WIE POLITIK)
IST KEIN HO HO HOBBY
ARRANGEURE ANIMATEURE
MASKIERTE UND
ANTHROPOMORPHE MISSGESTALTEN
LOS LOS
IHR STEHT IN DER SONNE
UND WERFT KEINEN SCHATTEN

# DAS VÖGLEIN

OWEH

NEIN NEIN
NICHT HIER
NEIN GEH DORTHIN
DORTHIN
DORT JA DORT
BLEIB DORT
DORT
ES BEWEGT SICH
DORT JA DORT
BLEIB
WO ES SICH BEWEGT
NEIN NEIN NICHT DU
DU BEWEG DICH NICHT
ES WÄRE ZU MÜHSAM
PHYSIKALISCH GESEHEN
BLEIB JA
BLEIB STEHEN
FÜR EIN
BILD
DAS LEBEN
BRAUCHT
SPIEGEL
ABER AUCH ANDERSRUM
IST WAHRHEIT DRIN

# GENERATION

MEIN ONKEL ERZÄHLTE MIR
ES WAR EINMAL EIN PROFESSOR
STRENG UND GEBILDET GEBILDET UND STRENG
SEIN NAME WAR SOD (FASS)
EINMAL ZEICHNETEN DIE STUDIERENDEN
VOR DEM SEMINAR AUF DIE TAFEL
EIN FASS
UM IHN ZU NECKEN
WIE ALBERN ABER WAS SOLLS
ER BETRAT DEN SEMINARRAUM
SAH SICH DAS GEKRITZEL AN
DREHTE SICH UM
SAGTE
EIN SCHÖNES FASS
ICH SEHE ABER KEINE
REIFEN

# ΡΌΔΟΣ

DER REKORD LIEGT BEI 2.45 UND 2.09 M
SOTOMAYOR SALAMANCA КОСТАДИНОВА ROMA
DER REKORD LIEGT BEI 6.16 UND 5.06 M
NICHT BUBKA LAVILLENIE ДОНЕЦЬК UND ИСИНБАЕВА ZÜRICH
DER REKORD LIEGT BEI 8.95 UND 7.52 M
POWELL 東京 UND ЧИСТЯКОВА САНКТ-ПЕТЕРБУРГ
DER REKORD LIEGT BEI 18.29 UND 15.50 M
EDWARDS UND КРАВЕЦЬ BEIDE GÖTEBORG
DER REKORD LIEGT BEI 246.5 M
EVENSEN VIKERSUND NICHT PLANICA
OFFENSICHTLICH GIBT ES DENNOCH LEUTE
DIE LOSGEHEN UND SPRINGEN
UND IST GLEICH ΡΌΔΟΣ

# ΡΌΔΟΣ ΡΌΔΟΣ

DER REKORD LIEGT BEI 2.45 UND 2.09 M
SOTOMAYOR SALAMANCA КОСТАДИНОВА ROMA
DER REKORD LIEGT BEI 6.16 UND 5.06 M
NICHT BUBKA LAVILLENIE ДОНЕЦЬК UND ИСИНБАЕВА ZÜRICH
DER REKORD LIEGT BEI 8.95 UND 7.52 M
POWELL 東京 UND ЧИСТЯКОВА САНКТ-ПЕТЕРБУРГ
DER REKORD LIEGT BEI 18.29 UND 15.50 M
EDWARDS UND КРАВЕЦЬ BEIDE GÖTEBORG
DER REKORD LIEGT BEI 250 M
PREVC VIKERSUND NICHT PLANICA
OFFENSICHTLICH GIBT ES DENNOCH LEUTE
DIE LOSGEHEN UND SPRINGEN
UND IST GLEICH ΡΌΔΟΣ

# ΡΌΔΟΣ ΡΌΔΟΣ ΡΌΔΟΣ

DER REKORD LIEGT BEI 2.45 UND 2.09 M
SOTOMAYOR SALAMANCA КОСТАДИНОВА ROMA
DER REKORD LIEGT BEI 6.16 UND 5.06 M
NICHT BUBKA LAVILLENIE ДОНЕЦЬК UND ИСИНБАЕВА ZÜRICH
DER REKORD LIEGT BEI 8.95 UND 7.52 M
POWELL 東京 UND ЧИСТЯКОВА САНКТ-ПЕТЕРБУРГ
DER REKORD LIEGT BEI 18.29 UND 15.50 M
EDWARDS UND КРАВЕЦЬ BEIDE GÖTEBORG
DER REKORD LIEGT BEI 251.5 M UND 200 M
FANNEMEL VIKERSUND UND IRASCHKO-STOLZ KULM
OFFENSICHTLICH GIBT ES DENNOCH LEUTE
DIE LOSGEHEN UND SPRINGEN
UND IST GLEICH ΡΌΔΟΣ

# BLUME IST DER MENSCH

Das Substrat sollte aus Baumrinde oder Ähnlichem sein, damit Wasser und Nährstoffe gut und lange einziehen können. Die Pflanze umsetzen, wenn der Topf zu eng wird oder die Rinde darin müde, morsch und faul. Man braucht einen größeren Topf: transparent, aus Plastik, unbedingt durchlässig. Das Wasser muss nach Belieben abfließen können. Die Pflanze kopfunter anstupsen, damit sie von ihrem alten Gehäuse ablässt. Das kann sich mitunter als schwierig gestalten; man insistiere.
Den Topf entsorgen, aus dem Wurzelballen behutsam, um lebendige Teile nicht zu schädigen, die verweste, mürbe Rinde klopfen. Vertrocknete Wurzeltriebe abbrechen. Auch sie muss man entsorgen, sie haben ausgedient, die Triebe sind tot, sie beanspruchen nur Platz, verhindern kommendes Wachstum. Beim Umtopfen ein paar Zentimeter neues Substrat streuen und die alte Pflanze daraufstellen, man trage Sorge, dass sie aufrecht steht, in der Mitte ihrer neuen Welt. Seitlich neue Baumrinde auffüllen, die Pflanze forsch, aber zärtlich an der Wurzel eindrücken, um dem Stängel Halt zu geben. Am Topfrand oben einen fingerbreit Platz lassen; nach ein paar Wochen organisiert sich die Rinde neu, wird heimisch, beginnt zu arbeiten. Den Stängel begießen wir großzügig ringsherum, lassen überschüssiges Wasser den Weg zu den Löchern am Topfboden finden und versickern. In ein paar Monaten treibt die Pflanze entweder neue Blätter, stellt üppige Knospen zum Blühen bereit, oder sie wird erfrieren, leicht werden, überbelichtet, mit klanglosen Farben, zweidimensional. Staubfänger wird sie, und dann vom ersten ernstzunehmenden Durchzug vom Regal gefegt. Am Boden wird sie liegen, zwischen zerstreuten Klumpen nutzloser Erde. Nichts mehr wird aus ihr.

## NATURGESETZ

sie liegen nur
zwei körper
sonne tastet über sie
schlaftrunken blicken sie in dieselben wolken
dieselben sterne, wenn es nacht wird
rollen sie ineinander
umarmen sich
wolken decken sie zu
sterne fallen über sie
sie liegen nur
sonne tastet über sie
zwei körper
die schatten, die sie wecken
werden ihnen lektüre
aus der sie lesen
was sie noch erwartet
was ist, was war und was wird
sie liegen nur
nackt
noch nichts war geschehen
nur sonne, schatten, sterne und wolken
sind ihnen ungewohnt nah
näher als je
sterne verbohrt in wolken
der abglanz der sonne in ihren zacken
im sand ein schatten eines solchen tableaus
dort unten
liegen sie

in zwei körpern
einander ferner
denn je
ein körper nur
allein der körper

# JAMES BOND HATTE RECHT UND NICHT RECHT

Der Morgen kommt immer, stirbt nie,
James Bond hatte recht.
Du wirst wach, hast wohl geschlafen, weißt nicht
wann oder wie, weißt, du hast dich in den Schlaf geweint,
weil die Augen rot sind und geschwollen.
Der Morgen kommt immer, stirbt nie, heute
ist der erste Tag vom Rest deines Lebens,
und ein Seil, von dem du glaubtest, es sei
stabil, ließ nach. Sicher, ein Seil kann wieder
geknotet werden, es hält wieder, doch was zerriss,
bleibt zerrissen, und eine Nahtstelle ist Nahtstelle,
damit man spürt, was sie zusammenhält, damit sie
erinnert an den Riss.
James Bond hatte nicht recht, in Lederschuhen
rannte er schnurstracks wie der Wind, Colt in der Hand,
sprang über Dächer, auf Kräne, steuerte
geraubte Hubschrauber, Flugzeuge, sprang
mal mit Fallschirm, mal sogar ohne,
raste in winzigen blitzschnellen Autos,
spielte Poker, nippte Wodka Martini – shaken,
not stirred – und starrte in Augen, Busen und zwischen
Beine tausender Beauties, die sich ihm eher früher als
später ergaben, der Reihe nach, anstatt
zu Hause Makramees zu knüpfen
aus zerrissenen Seilen.
Er wählte M und den Dienst für die Queen,
für sein Land, und doch sucht er seit 1962
nur die Herzensdame, legt Qs Erfindungen

lahm, all die schießenden, reanimierenden
Füller und Uhren, statt seine Beine zu Hause
in Badesalz zu aalen und all sein Menschsein
aufs Spiel zu setzen, um wieder zu flechten,
was aufsprang, was zerriss, was
nachließ, zu festen knotenlosen Seilen,
nahtlosen, kerblosen. James der vollkommene
Bond hatte nicht recht, als er die Welt
errettete, statt den Menschen, statt Mensch
um Mensch zu retten und wieder zu Paaren
zu ketten. Er als Einziger hätte es geschafft,
der Unsterbliche, Ewige, Diener der Gerechtigkeit, Sklave
der Liebe. Wo bist du, James Bond, die Queen
ist nicht die Einzige, die dich braucht.
Report for duty, Number 7.

# MEERGEDICHT

*na tvoje usne boje mesa*
*spustiću kap svoje vode*
EKV: Oči boje meda

Wir stehen auf ohne Uhren. Ohne Kleider. Ohne Plan.

Gekämmte Jungfischschwärme teilen sich, fast freundlich, unmerklich
und tauchen ab unter meinem nackten Körper, der kaum Sonne kennt, kaum Salz.
Die Fische stört es nicht, sie sind schmiegsam, schwimmen gelenkig, atmen sanft.

Der gleiche Frosch platscht abends geschäftig zum Mauervorsprung, fällt um.

Ein einsamer Wasserläufer durchfurcht die stille Oberfläche. Nach ihm bleibt
Geruch von Erdöl, ein Surren wie Zahnbohrer, kaum ein Grübchen im Meer.
Flach fegt er ins Wasser, hinter ihm zieht der Abend die Gardinen des Tages zu.

Ich finde einen schläfrigen Skorpion im Buch, komplett geplättet.

Leise zischt nachts das Meer, gewohnt geschmiegt in die Mulden des Ufers.
Unaufdringlich, so wie Ebbe Flut gebiert, erschwingt der Mond die Lüfte.
Langsam sprießt in den Zitronenbäumen der Wind, versilbert den Spiegel.

Es ist Sommer. Wir haben keine andere Arbeit außer zu sein. Das genügt.

## DAS HERZ, DAS LIEBT, LIEBT

Weißt du, was ich gerade tue?
In der prallrunden, reifen Nacht nehme ich dich, rolle herum,
niste in der Luft, dein stummes Hiersein, du bist nicht da,
ich meine, nicht physisch da, aber dein stummes Hiersein
macht mich zum wilden Raubtier, mit Blutgier, kettenlos,
seit Wochen keine Nahrung mehr. Ich fresse, saufe Blut,
das überall herumspritzt, wenn ich dich liebe, wenn ich dich
leise, lauernd liebe, liebe, wenn ich dir nahekomme,
kompromisslos, dich umkreise, dir Raum raube, zärtlich von
Angesicht zu Angesicht, dich berühre mit den Spitzen
dieser, ja, Krallen eben, dich immer habgieriger nehme, dich
genusssüchtig zerfetze, wenn ich dein Herz jäte, das jault,
verebbend, in kaputten, kastrierten Rhythmen, das versiegt, erlöscht.
Mein Wille geschehe, weißt du, was ich tue, was ich tue ...
Dass dein Schatten nicht ist, dass alles grau ist, träge,
zweidimensional, dass ich dich suche, tastend, wenn ich
erschrecke, wo du bist, wenn ich merke, wo ich bin, wie ich bin,
wie bist du, schrei ich, Echos an Wänden, hörst du's, hörst du's,
wie bist du, wie bist du, wie ich dich liebe, liebe, liebe, weißt du,
was ich tu, wir können nicht anders. Komm, raunen wir, ich spreche dir nach,
komm, komm, komm, komm.
Gib mir die Hand, raunen wir,
gib mir die Hand, gib mir, gib mir,
komm, gib, wühl im zähen Blut,
der Körper ruft siedend nach dir, komm, hol es dir,
komm, komm.
Komm, Traurigkeit.
Komm.

## MASCHINENBAUFIBEL

Lass uns aufhören, Reben zu pflanzen,
die Maschine braucht keinen Wein.
Bücher … lass uns aufhören zu schreiben,
die Maschine kann nicht lesen –
kaum ihre Bedienungsanleitung –,
warum sollte sie auch.
Spitzenbras, ihre Herstellung
sollte eingestellt werden,
sofort. Die Maschine liebt nicht, macht keine Liebe,
es beliebt ihr nicht, zu verführen,
die Maschine seufzt nicht, stöhnt nicht,
ja machs mir noch mal, dort, ja dort, mmh …
und auch die Taschentuch-Fabrik kann ruhig
ins Gras beißen.

Komm, lass uns Bäume
fällen, Meere trockenlegen, Flüsse,
Seen, Hügel, Berge und Vulkane,
auch Fußballfelder,
überhaupt Spielfelder –
lass sie uns einebnen,
Hochschulen schließen,
Märkte niederbrennen,
Theater, Kirchen und Museen,
und natürlich Bibliotheken,
wir brauchen kein Schach und kein Penicillin,
weder Fashion noch Handys,
keine Lottoscheine, keine Floristen,

keine Pässe, keine Gewürze,
keine Laufschuhe etcetera. Tr trrrr
tttTRRR RRRRRR

sind wir so
maschine so maschine holen aus und einmal
noch elektroschock noch herr und knecht
zugleich
sind wir maschine grammatik ist uns fremd im
dämmern gehen wir an
im dunkeln aus
von dämmer bis dunkel von
dunkel
bis ins tagesschunkel
wir schlafen nie
wirklich wenn wir nicht
an sind wir sind im
schlummer gebärmutter
für rohstoffe sind durchfall
für produkte wir
produzieren
maschine maschine maschine
für eine neue
maschine welt
der maschinen universum
des maschinenbaus

## DER RISS

Dem Kind muss man hundertmal sagen, alles
wird gut, was partout nicht einfach ist.
Das ganze Jahr packen wir für die Reise
ans Meer, zählen die Monate, wenn die Kleider
kürzer und die Schichten dünner werden,
packt uns Unruhe, bei der Zeitumstellung
sind wir kaum zu halten. Das Leben hat
diese unhörbare, gegenwärtige Kraft, gleich
der Natur, doch wir in unserer Feigheit
erfanden Hobbys und Beschäftigungen,
um nicht daran denken zu müssen, um nicht zu
merken, dass es ernst wird, ernst. Doch so wie
ein dünner Spritzer Milch im heißen Tee genau
weiß, wie man sich beharrsam verteilt, um das
ganze Volumen eine Nuance heller zu färben,
so wissen wir in unserem Innern, zu was, wohin
uns die Erwartung führt. Ein Avocadokern,
auf der Fensterbank im Wasser, erteilt uns
Woche um Woche Lektionen in Genügsamkeit,
bis er – was nur das Kind in uns wahrnehmen kann,
das ungläubig tasten, von Herzen aufschreien,
mit dem Finger zeigen und hochspringen kann –
einen Riss aufweist. Das sei unser
Zeichen – sieht man den Bruch, dann ist es
Zeit zu zählen, wie viele Male man noch
schlafen muss.

# BRIEFE AN M

## I

Ist meine Liebe platt, oder wär es möglich, dass
eigentlich dein Herz platt ist – dunkel ist es, mag
kein Licht, keinen Luftzug, sag's mir, Herz, sprich.
Schau genau hin, hier unten, nah der Erde, wimmelts
von kleinen Tierchen, siehst du? Keine Ahnung, woher
sie kommen, sie sind winzig, aber viele, ich bin besorgt.
Wie ist dir? Wie bist du? Hier, bei wie bist du, hast du mich.
Blind fingst du das ça va, als du mir in den
Muskel griffst. Jetzt ist die Stelle gelb, sichtbar,
ça va, umrandet von zwei hellgelben Wülsten,
wie ein Logo von Pepsi oder Kippen. Ça va, ça va,
ça va bien. Klasse Klischee. Und der Satz geht
notwendig weiter mit être moi, ich sein, obwohl ich
es nicht bin, ich ist es nicht, es ist etwas, das die Ränder
des gleichen Körpers berührt, aber nicht ich, eine Höhle
randvoll mit zerfetzten Fusseln, von etwas, etwas schon,
etwas eben, etwas Verwittertes, etwas Getunktes, etwas,
das nach Verwestem riecht, oder nach Lysol, von überall
dringen klitzekleine Atome der Außenwelt herein; es platzt
auf, wo immer man drückt. Ça va être moi, ça va être
le silence. Langsam saugen sie die Pflanze aus, es ist
zu eng im Topf, die winzigen Atome der Außenwelt,
sie kleben, und die Membran, die zuvor fest gespannt,
jetzt abschwillt, öffnet sich. Bald hat das Ungeziefer erreicht,
was es will. *Wie* ist dir? Dass ich atme. Ein, aus, herein,

nach draußen, auf, ab. Dass ich Sauerstoff verschlinge und zu $CO_2$ umwandle; so ist mir, so ist das être, so das Spektrum der Seiendheit. Dass ich unten im 99¢-Laden eine Lupe kaufe und den Stängel erforsche, wo er die Erde berührt.
Es werden jeden Tag mehr. Krabbeln übereinander, verkleben zu Klumpen, damit sie gespenstischer aussehen. Ça va être le silence. Der Topf, aus dem der eben erst verpflanzte Stängel einer kleinen Orchidee in zwei Blüten wächst, ist oval und gelb. Er ist nicht wie ein Herz, doch eines ist er – platt. Er ist platt.

## II

Entre nous. Eine stille Woche, stiller Monat, stilles Jahr,
stille Ewigkeit. In der Stille umarme ich dich stumm, dugo
ljubim u usta, držeći tvoju glavu u svojim rukama.
Ti zatvaraš oči, posmatram još neko vreme tvoje
lice, zatim ponovo sedam na svoj sto: kasno je,
zwischen uns, spät, es eilt aber nicht. Entre
nous, entre, le silence.

## III

Kubikmeter stillen Wassers. Meere von Flüssen, Karstflüsse, Bäche,
Seen, Lachen, der Regen, der ans Dachfenster schlägt, Tränen,
trocknend im Wind. Flut verschwiegener Wörter, all die Küsse,
Speichel, all die Exkremente, Flüssigkeiten zweier Körper,
all das stumme, schlüpfrige, glatte Wasser, das zwei Ufer
scheidet. Was nicht hart ist, kein Windzug, was sich vermischt,
was den Raum anfüllt, was abfließt, herein- und zusammenfließt,
was tropft, was nässt, benetzt, siedet, sprüht, was berieselt,
was sich regt im Wallen, was eindampft, was zu Eis wird,
was leitet, aber schlecht leitet, was füllt und leert porös.
Was zweierlei ist, eines einmal, das andere doppelt, was
Leben gibt und es manchmal nimmt, so Wasser, trägt alles,
übersteht alles, umgibt alles, erinnert alles in seinem Strom.
Ich geb dir dieses Wasser nicht. Gebe es nicht. Was kapierst du nicht?
Wolken, sagst du. Ich nicke, es wird regnen. Es wird Nacht.
Ich lausche der Welt draußen, taubes Klacken der Insekten, die
in trunkener Erwartung kopflos ans Fenster schlagen. Es wird regnen.
Die Luft fließt zäh, schwer an den Boden gepresst, die Zeit
rinnt in eine schwache Spur Erwartung, die Welt hält an,
die Bühne ist bereit. Alles, was ist und was gleich wird,
hält den Atem an, erwartend. Ich gebe dir dieses Wasser nicht.
Und dann fällt in die klaffend geöffnete Nacht fast feierlich
der erste Tropfen. Es trommelt auf Beton, schient die Welt,
dieses Wasser. Wasser, platte Herzen. Schweigen, Stille.

Pflanzen in Töpfen. Das Meer, die See. Šta da ti pričam.
Vielleicht, was ein älterer Mensch einer Pappel sagt,
was ich mir selbst sage, wenn es schmerzt:
Ne daj se, dušo.

## RUNDES HERZ

So viele Kellnerinnen! So viele Kneipen, Cafés, Kaffee- und Teehäuser,
so viele Kaschemmen, Spelunken, Pubs, Bistros, so viele Buden,
so viele Tische, so viele Stühle, so viele bestellte Gläser und Tassen,
so viel laute, durchgenudelte Musik, so viele erhobene Arme,
so viele Worte, Geschichten, so viel Zweisamkeit. So viel Blickkontakt.

So viele Postboten! So viele robuste Fahrräder, so viele Taschenschnallen
mit durchlöchertem Zünglein, Wagen, so viele Stempel, so viel Gelb.
So viele Kassenzettel, so viele Aufrufe, so viele Einschreiben,
Pakete, Lieferscheine, so viele Briefmarken, Umschläge, so viele Briefe,
so viele Worte, Geschichten, so viel Zweisamkeit. So viel Blickkontakt.

So viele Städte! So viele Straßen, Plätze, Gebäude, so viele Buchhandlungen,
Parks, Bahnhöfe, so viele Flüsse, Quais, so viele Straßenmusiker,
Fremdenführer mit Fähnchen, so viele Dichter! So viele
Eisdielen, so viele Tabakläden, Teehäuser, Brücken, so viele Bäume.
So viele Worte, Geschichten, so viel Zweisamkeit. So viel Blickkontakt.

So viele Worte, Geschichten, so viel Zweisamkeit. So viel Blickkontakt.
Und ein so kleines, schüchternes, so duckmäuserisch glückliches Herz.
Entsetzliches, ekliges, eitles Herz. Ein rundes Herz.

# KRÜMEL

Sie sitzen stumm, melken den Rest des Tages,
auf feine Schleier Finsternis fällt ein Tropfen
geschenkter Zeit. Mit morschen Fingern tasten
Momente ins Dämmer, träge brennt der Zündstoff
des Abends, träge dazwischen vergeht ihre Nähe.
Langsam, feierlich fast, zerfällt Liebe zu Staub.
Sie sitzen einzeln, man hörte die Stecknadel, wenn sie fiele,
doch nur eine kopflose Fliege prallt gegen das Fenster,
hier und da knallt es dumpf. Selten leuchtet noch die Spur,
ein dünner Faden zwischen zweien, die leise sitzen, zusehen,
wie ihre Liebe zerkrümelt, die einst so gewaltig, so riesig,
fast allumfassend, die jetzt verkümmert zu einem mürben
Krümel, Bruchstück, Schorf am Gewebe, das drunter pocht.
Das Leben wird weitergehen, es geht schon weiter,
dieses nichtige Stäubchen zieht sich selbst aus dem Strom.
Weil Menschen lieben. Was nicht aufgeht. Menschen lieben. Was nichts bringt.
Du liebst, was nicht aufgeht. Nichts bringt. Du bringst es nicht, du gehst nicht auf.
Aber dennoch, verdammt, liebe, aber liebe bloß nicht alle Menschen,
es wäre keine Garantie, dass auch du bald geliebt wirst, auch du,
und auch nicht, dass unsre Welt so mächtig toll wär. Liebe also
höchstens dich selbst, entschlossen, vollkommen, streichle dich,
beweis dir Liebe, kauf dir Lippenstifte, Lotions und Cremes,
schöne Kleider, hohe Schuhe, Sprachkurse und Rohkosttörtchen,
meld dich an im Fitnessklub, in der Sauna. Finde Freundschaften,
pflege sie, wenn du welche hast, keep your friends close
and your enemies closer. Geh tanzen, rauche nicht,
lerne nützliche Sachen, denke, denke, lies auch viel.
Keine Angst. Irgendwann schließt sich das Buch. Keine Angst.
Was du dir gegeben hast, bleibt. Die Lieben aber flirren stumm im Dunkel.

# අම්බලම

Eine Frau mit weiter blauer Hose fegt die Ambalama.
Ein niedriges Palmdach überm Kopf, in den Händen
einen billigen braunen Besen, barfuß und leise, leise und
langsam. Es ist, als tanzte sie über die Dielen, als toste
dahinter der Ozean und spielte mit Wind in Palmenkronen
einen Walzer, sie bewegt sich leise, leise und langsam,
wie in einem heimlichen, nur ihr bekannten Takt, als
raunte sie oder sänge leise, einfach so, nur für sich,
diese Frau mit weiter blauer Hose, die Ambalama fegend.

## HIER, JEMAND

Jemand läuft auf uns zu
übers aufgespannte Feld im Dunkeln
nähert sich dem Wagen ein Schatten
jemand läuft ohne zu stolpern

Etwas beugt sich
wird geschultert etwas krümmt sich
etwas Müdes
etwas formt sich, entfaltet
und beugt sich feist und reif

Etwas füllt sich
etwas sprießt und reckt sich
etwas hat Bedenken
und wächst trotzdem
erblüht verblüht zerfetzt die Luft
dieses
Etwas

Entflammt
berührt die Scheibe schnellt
schießt auf ins stumme Dunkel
zwischen uns ein Pfeil ins Feld
aufgefaltete Schleier so ein Stieben
ist unerträglich zerreißt das Trommelfell
und zerreißt die Weite
hinter der ein Blitz fällt
Widerhall im Licht

Rieselsaum aus Luft
die zerstiebt
verfliegt

Und nichts kann zu uns
niemand kann zu mir
oder zu dir nicht der Himmel nicht die Welt
nicht die Zeit nicht das Glück nicht das Selbst
nicht der Tod nicht das Nichts
nicht nicht

So nimmst du meine Hand
So
Hier

## VIELLEICHT PRAG

Auf dem Foto eine Frau. Man sieht den Kopf, ein Stück Rücken
in dunklem Strick, mag sein, sie lehnte an der rauen
Wand am Geländer und der Fotograf überraschte sie,
rief sie, sie drehte den Kopf und bereute es im gleichen
Moment, erkannte die List, doch es war schon zu spät –
guck mal her, wir haben sie, ein Foto, schwarz-weiß,
im Hintergrund links die helle Ecke eines Baus, vielleicht
ein Theaterhaus, Passanten gehen vorüber, ein Hund,
Schäferhund vielleicht, geparkte Autos, das dort hinten
ist wohl ein Steg, auf der Höhe des Kopfes eine Art Pfeiler,
Straßenlampen vielleicht, ein abfallender breiter Fußweg,
der Großteil von ihrem Kopf verdeckt. Am Kopf zwei
weibliche Figuren, eine ganz in Weiß, jede auf ihrem eigenen
Weg. Hinter der Brücke eine ganz beträchtliche Anzahl von
Bäumen, verschmierte Häuser, ein Kirchturm, abgeschnitten, fern.
Die Frau hat kurzes glattes Haar, leicht verweht, der sonnige Tag
und der Wind zogen einen verwischten Scheitel, einige Haare
ragen mittig in die Luft. Wenn man genau hinsieht,
entdeckt man das Punctum: zwischen vollkommenen Lippen
die Spitze der Zunge, die Spitze nur, ganz leicht, kaum merklich,
wie rebellierend, aber das, was sie anschaut, legt in ihren Augen
Liebe bloß, fast anhänglich, eine Einladung vielleicht. Wenn dieser
Moment verrinnt, wird sie schallend lachen, ein Fluchwort rufen,
das sein Gegenteil bedeuten wird, die Menschen unten werden
lebendig werden, der Hund wird bellen, ein Windstoß der Frau
in Weiß den Rock hochwehen, ein Auto wird hupen,
auf die Brücke fahren, vielleicht ein Vogel den Himmel zerteilen.
All das wird lang vor meiner Zeit geschehen, doch ihr Lachen wird

jahrzehntelang widerhallen, entwaffnend, die Funken in den
Augen werden unerklärte Sehnsüchte anfachen,
ein ertappter Blickkontakt mit der Linse wird die Tage
der Eintönigkeit entreißen, entzerren. Die Frau auf dem Foto
möchte nicht, dass man sie fotografiert, darum gibt es keine
aktuellen Bilder, die man mitnimmt, wenn man abreist.
Dies *ist* das Foto, vielleicht Prag,
wahrscheinlich vor vielen Jahren, egal –
das einzig verfügbare Bildnis von einer, die dir, wenn du
krank wirst, über den Kopf streicht, sagt, keine Sorge, das geht vorüber,
ist bald vorbei, magst du ein Glas Wasser? Aber jemand hatte sie,
hatte sie aufgenommen, jemand prägte den Moment in die Ewigkeit
und eilte zu ihr, umarmte sie, fragte, ob sie etwas Wasser möchte,
küsste sie, und beide betraten das Foto und gingen die Straße entlang
zu mir, die ich weder an Prag glaube noch an die Zeit,
vielleicht nur an eine gewisse Ahnung, aber die lässt sich noch
seltener fotografieren als die Frau mit der Zungenspitze,
diesem sensibelsten aller Seismographen der Liebe,
tastend nach einem Riss in der Luft, um hindurch eine
geheime Nachricht zu senden: Mag sein, du begreifst es nicht;
ich warte hier auf dich. Vielleicht ist es Prag. Finde mich. Komm.

# VOM KOPF HER

Gebt den Fisch zurück, brüllen sie.
Niemand weiß genau, was sie wollen;
die Leute halten kurz inne, neugierig,
im Geschrei der Männer: Den Fisch zurück!
Fisch wollen sie, höhnen die Leute, die
uns vorher anstarrten, mein Gott, und grinsten,
Fisch zurück, Fisch zurück, plappern sie
wie Papageien, was für Pappnasen, von allem,
was sie einfordern könnten, fordern sie Fisch
und laufen weiter, unverrückt
in ihren Leben. Die Männer stehen,
ein Echo auf dem kleinen Platz, doch
festgezurrt, reglos. Ein dumpfes Echo.
Gebt. Uns. Den. Fisch. Zurück.
Dunkelheit bricht an, sie stehen noch,
falbe Tranlampen, der Talg fast aus.
Einer hätte kommen sollen, einer, und
eine Seidenlocke Kinderhaar an die Stirn des Jahrhunderts
als Zeichen setzen, aber nichts dergleichen
geschieht. Bringt den Fisch zurück, lamentieren
die Lampen, stiller und stiller, immer intimer,
wie dichter kriecht am Boden dies heisere
Reden vom Fisch. Hörst du's? Kaum,
doch das Fischreden verschreckt die Vögel, sickert aus der Luft
über den Platz, dehnt sich über den warmen Asphalt. Der Fisch.
Die Nacht kommt, und am Morgen sind sie wieder
mehr. Was der Fisch laicht, hat einen Namen: Kollege,
Kollege, und danke für den ganzen Fisch. Gebt uns,

jeden Tag, gebt uns tagtäglich den Fisch zurück,
bringt wieder den Fisch, solange genug Luft ist,
solange das Meer nicht versiegt.

# DIE ZUNGE WIRD STEIN

Die Zunge verhärtet
was gesagt werden will verraucht
dörrt bröckelt das Wasser verdampft
an die Stelle des Gesagten
tritt Schweigen

Ab hier bist du auf dich gestellt
die hohlen Furchen der Stille verwelkt
was darin versickert zu Trester dorrt
die Zunge bleibt brüchig mürbe reglos
liegt steingleich am Boden der hohlen Schale
nicht abgesperrt ab hier bist du auf dich gestellt

Ein Mensch betritt das Abteil und sein Blick
ruht kurz und unvermutet auf sich selbst er glaubt ein anderer zu sein
aber er ist allein er allein es gibt keinen Anderen
während wir hier aßen sprachen eine schöne Zeit hatten
blieb tausende Kilometer entfernt ein Herz stehen
die Sprache weiß nicht was zu sagen was man sagt und wie
die Zunge wird Stein

Aber sie fällt nicht stumpf ab verkümmert reißt nicht aus
was stolpert fügt sich neu zusammen
die Zeit stottert und wiederholt sich endlos
der Sandkasten verlottert dies ist ein anderes Spiel
als wär irgendwas hier noch ein Spiel
zwischen zwei Feuern zwischen zwei
die Zunge wird Stein

Hier
hier eine Stelle Linie Grenze hier ein Riss ein Punkt
hier was vergangen ist und was noch kommt
was verschwiegen ist und was gesprochen
hier ein Schatten dann Regung Anlauf Trieb
hier ist diese Stelle die es gibt
Kloake des Nichts die kein Erinnern siebt
Triumph der Stille blinder Fleck der Zeit
hier wo die Zunge verhärtet
ist nichts und dann
lange nichts

# DAS LETZTE TIER

Tippelt still, sickert kaum merklich,
tastet, als wär nichts, als wär die Luft nass
von und für sich, als drehte die Welt
sich wie immer. Das letzte Tier, wachsam
von Natur aus, gezeichnet von Natur,
verschlingt den Weg vor sich, still, stiller,
als wärs das erste Mal. Das letzte Tier, herdenverzückt
am Rand des Abgrunds, hält nicht mal inne,
zuckt nicht, nicht mal, das letzte, hinten noch ein Schweif,
dann nichts. Wenig, das man von ihm weiß, es sei
grau, und das, genau, war alles, hatte es je mehr
zu wollen, ja es wollte, wild sein, gefräßig,
aufsaugen die toten Arme der Tage, stolz sitzen,
Maß der Geschwindigkeit sein, ein rundes, klebriges
Ganzes, voller Sinn und kaum zu fassen,
kaum beschreibbar. Es wollte Staub aufwirbeln
und zurückkehren, bevor er sich legt,
es will, dass nur ein Takt, die Welt verebbt,
dass nur es selbst da wär, das letzte Tier,
das erste am Trog, das erste mit dem Teller leer.
Das letzte Tier schweift ab, arglos, selten,
es muss sich seine Ichsucht eingestehen,
aber was, was, es wirft seinen Schatten allein,
ist allein mit seiner Sonne, was,
bevor es aufliest, was ihm blieb,
und weiterflieht.

# DARPA

*Ji ra faila soeni*
*ti le te para radi ri darpa*
Wim Mertens: Darpa

Oh, und Belgien, für immer Darpa!
Ein Mensch auf einer weiten Wiese,
im Sonntagsanzug, Frack und Fliege,
mit Hut und glatter Stirn, der den Kühen laut
Klavier vorspielt und leise dazu schmunzelt.
Kosmische Freude, rinnend ins Bild einer Stimme,
in nichts anderes konnte sie sich fassen.
Alles blieb am Rand, verstolpert,
aber heil, wie ein Gemälde von Magritte:
Wie ein würdevoller Löwe, versonnener Engel,
strohgelbe Melancholie, ein Meer aus Kühen im Feld.
Stakkato silberheller Schläge, abgehackter Takt
eines eintönigen Tags, der sich ins Pneuma des
Herzens bohrt, Haut, Blutbahn, sein Rhythmus – gefräste Wellen,
Scherben, feine Furchen, Raubtierzähne, jähe Silhouette eines
jagenden Bussards, Feuerzungen, ein Hammerwerfer, sein Wurfhammer
im Flug, und Kreise, bevor sie auf dem Boden einschlagen,
störrischer Schatten des frühen Nachmittags in Sonnenglut,
filigrane Beine der Weberknechte, kecke Scherze, schwirrende Pfeile,
Wind, Wind. Und später die stille Saat, delphisches Wunder der Ergänzung,
purpur und orange, das sehe ich, und die Spaten, die rhythmisch
ins weiche Erdreich drängen. Wie eine Parade, aber freiwillig.
Und überdies eine Kugel aus reiner Luft, aus dem Nichts, das sich irrte,
ein Fehler so vollkommen, dass er schon brennt, wenn er entsteht.
Oh, und Belgien! Darpa, Darpa. Die Zyklen des Glücks, wenn es

Fleisch wird. Lernen, wie Rüstungen verschmelzen. Mühsam ein Ganzes.
Dem Kind kaufte man die größte Packung Lego, jetzt sitzt man
auf dem Sofa, schlürft Kaffee, beobachtet, wie auf dem Teppich
vorm Fernseher eine Welt wächst, wie reine Schönheit ihre Fühler ausstreckt,
um sich nach einer wachsamen Pause tastend, kosend, einrastend
im unartikulierten Aufschrei Darpa! Darpa! wiedererkennen zu können.
Sag nichts. Jedes Wort würde alles verderben; was geschieht,
geschieht vor dem Wort. Komm, komm. Komm, Darpa, nimm Platz.
Hier sitzt noch niemand.

# NICHT DIE REISEN

Nicht die Reisen, sondern die Menschen, die wir trafen. Was wir uns sagten. Wie wir flüchtig unsere Leben aneinander rieben, Sachen borgten, tranken, Mailadressen und Telefonnummern tauschten, Körperflüssigkeiten dann und wann, und wie wir uns umarmten, wie wir sagten *Later* und uns wieder trennten. Nicht die Orte, sondern was wir hinterließen – was wir verbargen, aber nicht wo, was wir in den Baum raunten, aber nicht in welchen, dass wir tanzten, fast nackt, aber nicht auf welchem Strand, dass wir wortlos Vollmonde anstarrten und dem Leben dankbar waren, dass wir uns gegenüber der Natur geringfügig fühlten, dass wir, obwohl nur kurz, die Welt und das eigene Lebendigsein lieben konnten. Nimm die nachtschwarzen, weißschnäbligen Enten, längst davongeflogen, statt ihrer wiegt auf der Wasseroberfläche das Bild einer Frau, die im Lachen ruft *Gewiss sind sie Spioninnen, was sonst, Spioninnen, sag ich dir, schau doch ihre spitzen Schnäbelchen, oh wie verdächtig, schau doch!* Was erwartet mich dort, die Mole steht wie immer, aber es ist nicht dieselbe Mole. Wir sitzen nicht mehr am Pier, baumeln nicht mit den Beinen, zählen keine Wolken, sagen nicht mehr *Und was machen wir morgen* – weil morgen nicht ist, wir nicht sind, nicht die Orte, nur das, was man dort lässt, im Frühling, für den nächsten Winter, was man hortet, um später die Einsamkeit zu füttern. Sind wir glücklicher, weil wir wissen, dass wir einst glücklich waren, dort, einmal, Augenblick, der, so schön, verweilte? Hunderte Bordkarten, hundertmal abheben, hundertmal landen, zum Glück, hunderte Male Koffer gepackt, dann und wann vom Koller gepackt, verdorbener Proviant, verspäteter Zug, das letzte saubere T-Shirt, mit was extrem Violettem bekleckert, geht nie mehr raus, niemals, vergiss es, Heftpflaster, Halstücher, verbeulte Bidons und Knie, Sonnencreme, Cracker, krümelnd, die nach Maschinenöl riechen, alle Zimmer, alle Betten, alle Ausblicke, alle

Frühstücke, alles gedämpfte nächtliche Stöhnen, taktvolle Orgasmen in Nachbarzimmern, was kannst du darüber sagen?
Wie kannst du irgendetwas sagen über Bäume, übers Meer, eine weibliche Hand in deiner, über Wind und alle Schauer, die dich im Anflug aufhielten, was kannst du je erzählen, das nicht abgegriffen klänge, von Landschaften, Horizonten, wo sind deine Fotos, zeig, wie wir dich ernst nehmen sollen, wenn du uns unbedingt sagen willst, wie du dich gefunden hast, wie du jetzt wüsstest, wer du bist, wie du dich ertapptest, nackt und barfuß, als die, die du bist, wenn du am meisten du bist, wie du heultest mit wutentbranntem, roten Kopf vor lauter Verlassensein?
Verhängtes Fenster, *Lost & Found*, auf der Klingel ein eingraviertes *Ring*, dahinter eine verschlafene Dame mit einem Arztroman.
Wo habt ihr ihn verloren? Was? Na den Kopf! Und sie lacht, wohl zum hundertsten Mal, über ihren Scherz. Nicht die Reisen, nicht die Orte. Gepresste Blüten in Büchern, Sandkörner, Schnipsel von Tickets, Gepäckscheine, der wacklige, unbequeme Stuhl in der Hütte, und über das Dach jagen Eichhörnchen, als ginge die Welt unter, wie ich jeden Morgen die Veranda fege und in Unterhose Meister und Margarita lese, ein grauer Regenschirm mit strategisch verteilten Kerben, damit er sich im Wind nicht umstülpt, der erste englische Sonntagsbraten, der erste *Spottet Dick*, die Einheimischen, die schallend lachen, wenn man fragt, was ist ein *Spottet Dick*, die Weltmeisterschaft, der Sieg des eigenen Teams, der proppenvolle Platz mitten in der Nacht, wo alles anstößt und ekstatisch singt, einer klettert am Laternenmast hoch für bessere Aussicht – und um eine Flagge zu hissen, der Park, wo wir die schottische Decke unter einen Baum legen und im Weitwurf der Birkies wetteifern, der Bus, in dem ich immer wieder dasselbe Lied höre, während die Sonne aufgeht, und die Flasche Wein, die uns die verschmitzte Frau am Tresen einer vollen Kneipe gab, eines Abends, ein Rosé, er war nicht mal schlecht. Solche Fragmente sind es, etwas, das anders als alles andere nicht brennt, nicht engt, nicht schmerzt. Nur Reflexe, Alltäglichkeit, die sich umzieht, auszieht, ihre

Arbeitsklamotten, die sich im Spiegel dabei zusieht und sich schelmisch zublinzelt. Nicht die Reisen, nicht die Orte – nur das, weshalb wir weggingen. Und auf was wir dabei kamen.

## ES HERBSTET

Hier will ich liegen. Eichen glühen in dunkelnder Sonne, leise
Beschützer des Alls. Kühl, die fernen Berge werden glasig
überm See, hüllen sich in festliche, bläuliche Mäntel.
Hier will ich liegen. Nah überm Haus ein Entenschwarm.
Das Gras gemäht, der Hund rennt schwanzwedelnd drüber,
Frank der Gutsverwalter geht ihm nach, abgesägte Äste im Arm.
Eine jede Engelin ist schrecklich, auch ich –
obwohl ich weder bedingungslose Liebe verlange,
noch vollkommene Freiheit; trotzdem.
Hier liege ich und klebe Laub auf meine Strickjacke,
setze an die Stirn des Jahrhunderts die Seidenlocke des Kindes.
Seraphim, Cherubinen, ihr armen Gesellen meiner Majestät!
Hier liege ich. Schlage mit den Armen, mache toter Mann, und
sachte senkt sich auf mich der Herbst.

# NIRWANA

Diese feine, scharfe Linie war
direkt vor unserer Nase, was tun
mit ihr, was tun, woher, wohin,
sie birst, splittert, ich weiß es nicht,
ruft doch endlich mal jemand
die Dame, und gebt uns Kaffee,
gebt uns Mokka, wann kommt die Frau,
sie soll uns wahrsagen.

*vorhang aus schwärze zur gleichen zeit blutrache*
*zeit o rachen der welt die vergeht schatten schlackern*
*der mai schreitet weit zum sommer summen des abends*
*atemlos schwingend*

Was redet sie denn, sagt man,
was faselt sie, ach verjagt sie,
nichts stimmt, Hirngespinst, wer
kann schon in die Zukunft sehen,
verrückt ist sie, spinnt vielleicht, kurz –
sie soll gehn. Geh weg, hörst du? Geh!

*was sich beugt was sich bewegt sich*
*regt was glitzert denkt meint dass es*
*spurenlos bleibt und bleibt es auch*
*was rissig wird meint nicht*
*den himmel zu öffnen tut es auch nicht*

Diese feine scharfe Linie war da,
doch denken wir nicht, dass sie Zukunft sagte.

## EINATMEN

ach komm anja
du bist so unentrinnbar naiv
trotz allem was dir
jedes ausatmen bringt
atmest du ein
immer wieder
komm
schiebs nicht auf den reflex
im inneren weißt du
nichts ist
nichts

du bist idealistin
bist so getaktet
trägst es im körper
eingeschrieben
unauslöschlich
trotz allem
trotz verstand
einatmen
ausatmen
einatmen

hinten auf leerem himmel
geht ein kleines licht auf
nichts
ist
nichts

nur
ein riss spalte
durch sie tastet
ein leeres
doch
ein licht

# DER SECHSTE SINN

*sorry i don't know how you feel*

james blake radio silence

# 1 DAS AUGE

ich steche mir das auge blind schneide blind und mach es auf
nichts rinnt raus alles fließt rein erstarrt vereist mit dem herz
ist es genauso alles genauso alles schau auge alles ist schön
das auge verdorrt sein poröser glitzernder glaskörper
offen zum himmel gewandt mit seiner dürren harten
linse mit seinem gläsernen erdigen sehloch rollt es über
den verschmierten glaskörper hinterlässt keine spuren
lässt nicht zu dreht sich dreht sich die kleine linse wirft kein licht zurück
verschlingt alles gießt alles in sich vergräbt verschlingt es ins dunkel
das ausgestochene auge genau so
verschmiert schau das auge so
schön

## 2 DAS OHR

oho was ist denn das ein ohr
    ich schneide es mir ab taub für alles verschenke ohrringe
    alte geste die ich nur wiederhole knabbere am knorpel
    der nicht schmeckt lutsche mein ohrläppchen züngle ins loch
    doch bringt es nicht das gleiche wie bei anderen schmeckt nicht
    mein finger pult im gehörgang pult schmalz
    pult unterm schmalz gänge in den schmalz
    hammer amboss schnecke trommelfell steigbügel
    so falte so polier es so reih es vorm verschmierten aug auf
so ist das zerlegte ohr

## 3 DIE NASE

ach das mit der lunge na weiß nicht na weiß nicht naja
die nase trag ich hoch so fällt sie von alleine ab
verputz sie dann mit schmalz damit sie dichtet
bohr sie ins gläserne erdige sehloch von oben
lehn sie an die wand und dreh sie zum himmel
regen fällt hinein ich warte schniefe es ist schwierig regen
patsch patsch patsch so ist es mühsam zipfel füllt sich
blitz schlägt ein so ertränkt man das atmen na weiß nicht
die sache mit der lunge na weiß nicht naja
wenn dann kein tropfen mehr reingeht siedle ich drin
fische an süßwasser karpfen hecht und bartwels
unter wasser sie atmen unter wasser
sie schwimmen zerbeißen allmählich die scheidewand
so entsteht ein see ein durchlauf-
see
in der nase
die atmet
ohne scheidewand
allein
ach weiß nicht

## 4 DIE ZUNGE

ich beiß nicht drauf ich reiß sie mit den fingern aus das fetzt
wenn ich im mund rumfingre um die zunge rauszureißen
reiß ich auch alle schlückchen wein aus schwappend hin
und her im mund das traben der tanine richtung zahnfleisch
unausweichlich aller aufprall dünner säure tauche ein
ins flüssige fasern explosionen von geschmack nebel satt
rote früchte eingemacht martialisches schlagen mazeration
oder auch ein gluckern von limetten grapefruit und zitronengras
so perlenfrisches ungehemmtes quirlen eines weins
der struwwelig der noch halb most war aber nicht geduldig
genug und zuweilen aus schmalen gläsern seltenes knistern
eines brennend scharfen sauren triumphs all das wenn ich
die zunge ausreiß auch andere aromen speichel von anderen
und speichel der vermischung und berührung aller zungen
und ausharren im sinnenrausch in diesen spielen der erste
kontakt im endlosen kreisen bis zum letzten atemlosen
auseinanderreißen und auch alle wörter die sie mir zu
sagen half alle schreie stöhnen als sie versagte alle namen geprägt
in den körper und ein name den ich ohne wildes rasen nicht mehr sagen kann
wie sagen ________ bevor ich denke ________ wie wiederholen ________
damit sie weiß
was alles ________ heißt und wie es sagen wie es sich selber sagt
wie _______ empfinden wie schmecken wie verbinden sich mit _______ wie
sich nicht trennen von der anderen zunge wie die sehnsucht in sich
finden _______ wie sich winden nachts im zimmer tastend an den körper lang
wie wissen dass ________ ________ ist wissen ________ ist hier stumm
schreien ________ ________ ________ die luft lecken wissen
die luft verflüssigt sich nur für uns ________ sagen ________

wissen ein wort gilt nur für alle welt gilt für vielerlei sprachen
nur ein wort sag es berühre den himmel boden durchbohre die grenze sag
vorne ist sie schmal rund sag es die zunge weiß wie es zu sagen weiß
wie das begreifen greift wie jagen fingert reißt ihr doch die glatte zunge aus
und mit ihr alles bis an die wurzel alles werft es an die wand
das ist modern in der sonne wie eine seegurke gestrandet
lasst sie liegen es wird dunkel und geschmack und wort und alles
was alles trägt wird dunst dann prallt zurück geschmeidig und leer
die sprache zunge in die luft

## 5 DER FINGER

pflanze finger
finger ist auch dünger
pflanz mich verschanz mich er verfault
auch der zweite auch jegliches das jahr kommt winter
kommt lenz kommt dann wieder herbst ich verschanz
mich geduldig ich werde ranzig
auch regen kommt und dünnt den fingerdünger
auch knochen zehn perfekte puzzle knochen
in erde lauter fingerzeig

## 6 SINN

so ist diamantlinse
so ist knorpelohr mit läppchen aus samt
so sind hammer amboss schnecke trommelfell steigbügel
so ist verstopfte nase ohne scheidewand mit see
so ist gummiartige zunge
so sind im erdreich die fingerknochen
so ist alles auf einen haufen geworfen
so heiz ich an mit papierspänen
so zünd ich an
so lodert es
lodert lang
so schwelt züngelt es
verkohlt und zerfällt
als ruß zu rauch
darüber streu ich erde
hier unten glimmt es
unter der ausgebreiteten erde glimmt es lang
das ist der sechste sinn

# INHALT

## ANWEISUNGEN ZUM ATMEN

## DER SECHSTE SINN

Deutsche Erstausgabe


Umschlag: Leif Ruffmann, unter Verwendung einer Handschrift der Autorin
Gesamtherstellung: Interpress, Budapest

Originalausgabe: Anja Golob, *Didaskalije k dihanju*. Samozaložba, Ljubljana 2016, ergänzt um den noch nicht in Buchform erschienenen Gedichtzyklus *šesti čut* (der sechste sinn).

Dieses Buch erscheint mit freundlicher Unterstützung der Slowenischen Buchagentur JAK und der Trubar Foundation des Slowenischen Schriftstellerverbands, Ljubljana, Slowenien.

www.korrespondenzen.at

ISBN 978-3-902951-33-5